¡EL AGUA ESTÁ EN TODOS LADOS!

Marla Conn y Alma Patricia Ramirez

Rourke
Educational Media

A Division of
Carson Dellosa
Education

Glosario de fotografías

 nube

 tina de baño

 fuente

 **manguera**

 **lago**

 **alberca**

Palabras usadas con más frecuencia:
- una
- tiene
- agua

3

Un **lago** tiene agua.

lago

Una **alberca** tiene agua.

alberca

Una **manguera** tiene agua.

manguera

Una **fuente** tiene agua.

fuente

Una **tina de baño** tiene agua.

tina de baño

Una **nube** tiene agua.

nube

Actividad

1. Menciona todos los lugares en el libro en los que puedes hallar agua.

2. ¿En qué otros lugares puedes hallar agua? Crea una tabla en una hoja de papel.

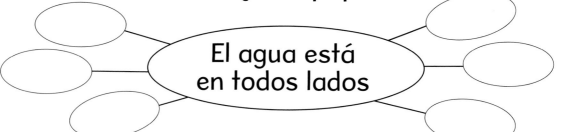

El agua está en todos lados

3. Habla de las relaciones causa y efecto. ¿Por qué el agua es importante para los lagos, las albercas, las mangueras, las personas, las tinas y las nubes?

4. ¿Por qué el agua es importante para ti?

5. Habla de las maneras en las que se usa el agua en tu vecindario. (Cocinar, beber, bañarse, lavar, cultivar, regar, criadero de peces, nadar, canotaje, navegar, energía hidráulica)